EMG3-0140
合唱楽譜＜J-POP＞

J-POP
CHORUS PIECE

合唱で歌いたい！J-POPコーラスピース

混声3部合唱

ボクノート

作詞・作曲：大橋卓弥、常田真太郎　合唱編曲：田中和音

••• 曲目解説 •••

スキマスイッチの代表曲のひとつで、7枚目のシングルとして2006年にリリースされました。映画ドラえもん「のび太の恐竜2006」の主題歌で、国民的人気アニメとのコラボレーションで注目を浴びた楽曲です。誰もが共感を覚える歌詞はとても純粋で美しく、聴いているうちにその世界に引き込まれます。感傷的なメロディーラインと素直でありながら深みのある歌詞が創り出す世界を、合唱でしっとりと、そして熱く歌い上げてみませんか。募り積もる感情が音楽という形になったときの快感や充足感を体感できる、素晴らしい混声3部合唱です。

【この楽譜は、旧商品『ボクノート（混声3部合唱）』（品番：EME-C3067）とはアレンジが異なります。】

ボクノート

合唱で歌いたい！J-POPコーラス

作詞・作曲：大橋卓弥、常田真太郎　合唱編曲：田中和音

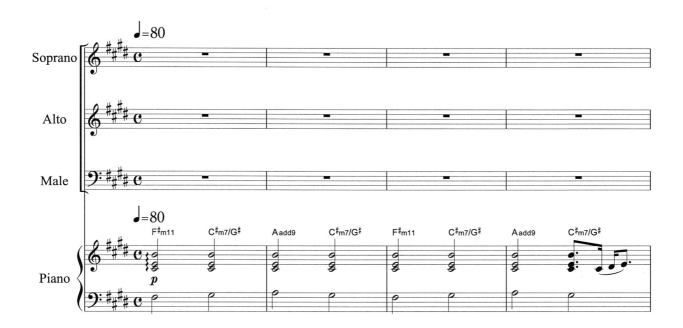

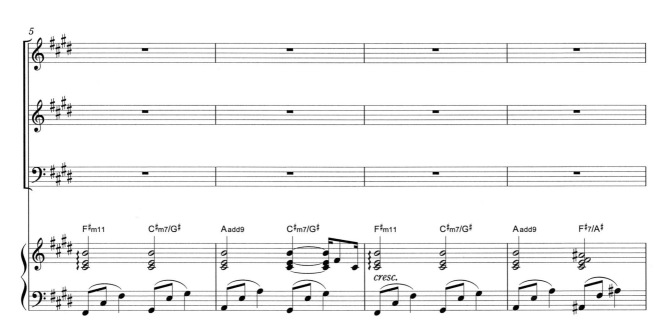

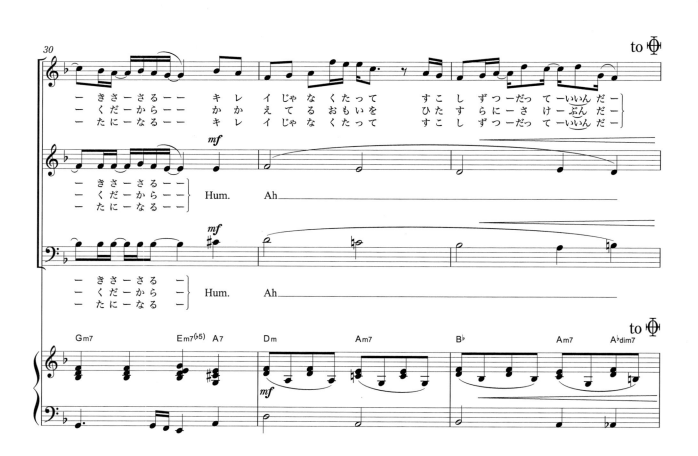

ボクノート

作詞：大橋卓弥、常田真太郎

耳を澄ますと微かに聞こえる雨の音
思いを綴ろうとここに座って言葉探してる

考えて書いてつまずいて消したら元通り
12時間経って並べたもんは紙クズだった

君に伝えたくて　巧くはいかなくて
募り積もる感情は膨れてゆくだけ
吐き出すこともできずに

今僕の中にある言葉のカケラ
喉の奥、鋭く尖って突き刺さる
キレイじゃなくたって　少しずつだっていいんだ
この痛みをただ形にするんだ

何をしても続かない子供の頃の僕は
「これぞってモノ」って聞かれても答えに困っていた
そんな僕にでも与えられたものがあると言うんなら
迷い立ち止まった自分自身も信じていたいな

僕がいるこの場所は少し窮屈だけど
愛に満ちた表情でぬくもり溢れて
そして君の声がする

足元に投げ捨てたあがいた跡も
もがいてる自分も全部僕だから
抱えてる想いをひたすらに叫ぶんだ
その声の先に君がいるんだ

耳を澄ますと確かに聴こえる僕の音
空は泣き止んで雲が切れていく

今僕が紡いでいく言葉のカケラ
一つずつ折り重なって詩(うた)になる
キレイじゃなくたって　少しずつだっていいんだ
光が差し込む

この声が枯れるまで歌い続けて
君に降る悲しみなんか晴らせればいい
ありのままの僕を君に届けたいんだ
探してたものは、目の前にあった

エレヴァートミュージックエンターテイメントはウィンズスコアが
展開する「合唱楽譜・器楽系楽譜」を中心とした専門レーベルです。

ご注文について

エレヴァートミュージックエンターテイメントの商品は全国の楽器店、ならびに書店にてお求めになれますが、店頭でのご購入が困難な場合、下記PC&モバイルサイト・FAX・電話からのご注文で、直接ご購入が可能です。

◎PCサイト&モバイルサイトでのご注文方法
　http://elevato-music.com
　上記のアドレスへアクセスし、WEBショップにてご注文ください。

◎FAXでのご注文方法
　FAX.03-6809-0594
　24時間、ご注文を承ります。上記PCサイトよりFAXご注文用紙をダウンロードし、印刷、ご記入の上ご送信ください。

◎お電話でのご注文方法
　TEL.0120-713-771
　営業時間内に電話いただければ、電話にてご注文を承ります。

※この出版物の全部または一部を権利者に無断で複製(コピー)することは、著作権の侵害にあたり、著作権法により罰せられます。

※造本には十分注意しておりますが、万一、落丁・乱丁などの不良品がありましたらお取り替えいたします。また、ご意見・ご感想もホームページより受け付けておりますので、お気軽にお問い合わせください。